DÉNONCIATION

DES OUVRAGES

DU PORT DE DUNKERQUE,

Relativement à ce qu'il en est parlé dans le Mémoire de M. de la Millière sur le Département des Ponts et Chaussées.

Par M. BOUCHETTE, Député du Département du Nord.

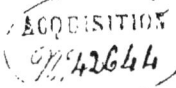

A PARIS,

DE L'IMPRIMERIE NATIONALE.

1790.

L'article des Ponts & Chauffées devant être difcuté à la suite des finances, on remettra à ce Comité le plan figuratif des ouvrages, ainsi que les pièces juſtificatives, parmi leſquelles une Requête préſentée au Roi, dans le courant du mois de Juin de l'année dernière, de la part des habitans d'une ville voiſine. Comme il en reſte encore quelques exemplaires, on en fera la diſtribution aux perſonnes qu'il pourra faire plaiſir.

DÉNONCIATION

Des Ouvrages du Port de Dunkerque, relativement à ce qu'il en eſt parlé dans le Mémoire de M. de la Millière, ſur le Département des Ponts & Chauſſées.

Par un Député du Département du Nord.

Ex uno noſce omnes.

CONNOITRE une grande ſource d'abus, de malverſations & d'injuſtices criantes, c'eſt ici être obligé de la dénoncer : j'entends la direction qui s'appelle des Ponts & Chauſſées. Il nous a été communiqué, paſſé quelque temps, un mémoire ſur cette partie d'adminiſtration ; il eſt viſible que cet écrit n'eſt fait que pour éblouir, pour, s'il eſt poſſible, en impoſer ſur la néceſſité de favoriſer plus particulièrement cet établiſſement. Malgré les magnifiques pro-

A

messes que donne l'auteur, malgré son serment (1) « de ne pas dissimuler les abus qui s'y sont » glissés, & de ne déguiser la moindre vérité » utile à connoître, » on est tout étonné ensuite de voir qu'il compte (2) « ne présenter que » des apperçus, donner, sur les ports de com- » merce, qu'une (3) notion des travaux, qui soit » suffisante à ceux qui ont vu le local, pour » en prendre une idée exacte, » & qu'enfin il annonce que les détails (4) « dans lesquels il va » entrer, ne lui semblent faits pour être lus » que par ceux qui prennent intérêt à ces tra- » vaux. »

Mais tout Citoyen doit y prendre intérêt.... La connoissance locale, qu'en mon particulier je dois avoir du port de Dunkerque, m'a donc porté à examiner la *notion* que nous présente le mémoire, des travaux dont on s'y est occupé pendant les années dernières, & d'en développer

---

(1) *Mémoire sur le Département des Ponts & Chaus-sées*, page 2. Introduction, art. 1.
(2) *Ibid.* page 4, art. 3.
(3) *Ibid.* page 46, art. 37.
(4) *Ibid.* page 47, la note.

les principales circonstances, appuyées par des faits constans, lesquels certainement ne présentent pas une idée bien avantageuse de l'économie des Ingénieurs des ponts & chauffées. Ainsi, c'est au seul article de Dunkerque que je borne mes observations ; mais par la raison, sur-tout, que le « Ministre (1) avoit cru convenable & avantageux » de remettre incessamment ce Port dans son » ancien état. » Pourquoi donc, & par quel secret cela n'est-il pas déja exécuté ? Mais, pour bien entendre ce qui s'est fait, ou qui devoit se faire au plus tôt possible, il est nécessaire d'avoir une idée précise de ce qui fut fait autrefois, comment, & par quels moyens cela fut exécuté. C'est entrer dans un détail historique ; mais il est essentiel, & c'est à ce titre que nous croyons pouvoir compter sur quelque indulgence auprès de nos Lecteurs.

L'importance du Port de Dunkerque est universellement connue : la fameuse paix d'Utrecht ne fut obtenue par Louis XIV qu'au prix du sacrifice de Dunkerque. Le port fut alors comblé : les écluses furent détruites, sans égard à ce que pouvoit devenir, non-seulement la ville & les ha-

---

(1) *Mémoire*, &c. Art. 38.

bitans de Dunkerque, mais presque le terrein entier de la province, appelée *Flandre maritime*. On s'avisa de creuser un nouveau chenal vers la mer à *Mardick* : les Anglois & les Hollandois virent, que c'étoit un nouveau port, aussi redoutable pour eux que celui qui venoit d'être comblé ; & bientôt le traité des barrières, en 1717, fit détruire la grande écluse de quarante-quatre pieds entièrement, & la petite écluse de vingt-six pieds d'ouverture, fut réduite à seize pieds de passage, afin de ne pouvoir plus y faire entrer que des *Belandres*, qui sont les petits bâtimens qui naviguent sur les canaux de l'intérieur du pays. Heureusement, la nature vint au secours de Dunkerque : en 1720, le principal batardeau fut rompu par la violence d'une tempête. Les Anglois & les Hollandois respectèrent l'ouvrage de la providence, & Dunkerque vit renaître son port ; tellement, pourtant, qu'il ne put recevoir que des bâtimens de commerce. Les écluses restant détruites, les eaux du pays s'évacuèrent toujours difficilement par le nouveau chenal : & c'est en cet état que demeura le port de Dunkerque, jusqu'à l'époque de la guerre de 1756.

Et qui est-ce qui peut l'ignorer ? A cette époque, dis-je, le ministère françois, étant enfin forcé d'entrer en guerre, résolut de profiter des avantages que lui offroit le port de Dunkerque par sa position. On se souvint qu'il y avoit eu un bassin & des écluses ; & il fut décidé de reconstruire les écluses & de relever le bassin. La guerre étoit déja commencée ; il falloit donc travailler promptement & au bassin & aux écluses, &, en même temps, remettre le port en état d'en faire sortir des bâtimens de guerre armés : il n'y avoit pas un instant à perdre......Comment se mit-on à travailler ?

La campagne étoit fort avancée : c'étoit dans le mois de Septembre 1756. On commença par le déblai de l'écluse de Bergue ; ses fondations existoient entières : le radier fut trouvé avoir été dégradé par les Anglois ; on le rétablit. Ce premier travail fut fait par économie.

La suite des travaux fut donnée en entreprise : ils consistoient, 1°. dans la reconstruction de l'écluse de Bergue, ses huit portes d'écluse & une porte tournante au milieu, ses quatre ponts-levis, ses avant & arrière-quais, son corps-de-garde & le bâtiment servant de magasin à l'écluse, & de logement aux Eclusiers.

2°. Le dévasement du bassin, la construction de ses quais, de son écluse & de ses deux pontstournans, le mur d'enceinte du parc de la marine, & la porte de ce parc du côté de la ville, les logemens des Gardiens & des Eclusiers du bassin.

3°. Dans la confection d'un quai en maçonnerie, depuis la porte dite *de la citadelle* jusqu'à la porte du quai, dans la longueur de cent quatre-vingt toises, & d'un autre quai en charpente depuis la porte du quai jusqu'au château, de la longueur de cent toises : le tout garni de ses Pilots-de-garde.

4°. Enfin, dans le dévasement d'une partie du port & l'enlèvement des massifs de bricaillon, qui, lors de la démolition, en 1713, avoient été accumulés pour obstruer le canal de *Furnes*, le port & le chenal.

Tous ces ouvrages furent exécutés & finis à la fin de la campagne de 1758 ; en sorte que les frégates du Roi entrèrent dans le bassin au commencement de l'année 1759 ; c'est-à-dire, que le tout fut fait & parfait en moins de deux campagnes & demie.

Quant à la dépense, elle se trouva monter au total de la somme de 1,950,000 livres ou environ, & les Entrepreneurs y firent un bénéfice honnête : mille personnes vivantes de ce temps-là s'en souviennent ; & les états doivent encore en exister soit au bureau de la guerre, soit près l'Officier commandant le Génie à Dunkerque, où, au besoin, on pourroit avoir recours.

On se souvient, dis-je, que le bassin, le port & le chenal étoient tellement approfondis, qu'aussitôt on en vit sortir, parmi une multitude de bâtimens de course, de fortes frégates armées de toute leur artillerie. Le fameux Thurot en sortit encore en 1759 avec son escadre, composée du Belle-Isle de 44 canons, du Begon de 36, de la Blonde de 28, de la Therpsicore de 26, & de l'Amaranthe de 18. S'il ne rentra point au port de Dunkerque, on sait qu'après avoir d'abord réussi dans son expédition, il s'égara sur son retour où il fut pris : sa course & ses exploits avoient causé tant d'alarmes à l'ennemi, que celui-ci jura de nouveau la perte du port de Dunkerque. La paix de 1763 ordonna en effet de réduire Dunkerque & son Port aux termes du traité d'Utrecht, & un Commissaire anglois dut venir y résider, pour en commander & surveiller l'exécution. Ce Commissaire fit donc de nouveau détruire le bassin & l'écluse de la *Cunette*; &, pour combler le port, il ordonna de faire des coupures dans les jetées, au moyen desquelles chaque marée y amenoit & déposoit du sable, qui auroit achevé de rendre le port impraticable, si l'écoulement des eaux du pays n'avoit servi, jusqu'à un certain point, à en entretenir l'ouverture. En un mot, LE COMMISSAIRE ANGLOIS ÉPARGNA L'ÉCLUSE DE BERGUE, en consentant de la laisser subsister pour ne point inonder & perdre tous le pays. On sait que ce Commissaire étranger resta & fut soudoyé à nos frais jusqu'en 1777, que la guerre de l'Amérique fut commencée. Certainement personne n'attestera que, depuis son départ, aucune écluse ait été détruite à Dunkerque.

C'est donc un fait bien constant, que la conservation de l'écluse de *Bergue*, & son existence à l'époque de la paix glorieuse de 1783. Et cependant l'auteur du mémoire sur les ponts & chaussées vient nous dire (1), *qu'il a été convenu de commencer par rétablir l'écluse dite de* BERGUE, ... *qui vient d'être reconstruite, & est achevée depuis un an environ*.... Il faut l'avouer; on tombe des nues, lorsqu'on entend une pareille assertion. Quoi! l'écluse de Bergue

---

(1) *Mémoire*, &c., page 48, art. 38.

vient d'être reconstruite ? Mais, comment l'auroit-on reconstruite, puisqu'elle n'a point été démolie depuis la paix de 1763 ? ... *Elle est achevée depuis un an environ :* & où cela ? est-ce sur du papier ? peut-être : car, enfin, il n'est point vrai que l'écluse, dite de *Bergue*, vient d'être reconstruite, & est achevée depuis un an environ, puisque cette écluse subsiste en son entier depuis 1758, qu'elle fut achevée sous la conduite des Officiers du Corps Royal du Génie, sans que depuis ce temps-là il y ait manqué une seule pierre : tant elle a été solidement bâtie, qu'on peut l'admirer comme un chef-d'œuvre de construction.

Mais, nous-mêmes, ne dissimulons, ne déguisons rien ; depuis 1783, il a été travaillé à l'écluse de Bergue, il est vrai ; mais c'étoit sous la direction des Officiers du Corps Royal du Génie : & voici ce que c'est. Aussitôt la paix de 1783, les habitans de Bergue sollicitèrent le rétablissement des ouvrages nécessaires pour leur *libre navigation* à la mer. Cette demande, infiniment juste, fut d'abord éloignée, par la raison qu'on alloit faire des travaux au port de Dunkerque ; & bientôt les habitans de Bergue apprirent qu'il étoit décidé de rétablir, dans l'écluse de Bergue, la *grande porte-tournante* qu'un ordre ministériel en avoit fait ôter en 1760. Ils réclamèrent vivement auprès des Ministres; ils firent voir, & la non-nécessité de la porte-tournante, & que ce n'étoit réellement qu'un empêchement qu'on vouloit mettre à la navigation de Bergue; tandis qu'il étoit très-possible de procurer des chasses pour le curement du port de Dunkerque, au moyen de deux nouvelles portes qui laisseroient le passage libre par l'écluse de Bergue : à la fin on leur fit entendre que cette affaire dépendoit entièrement de M. de Calonne. Les habitans de Bergue ne se rebutèrent point, &, à force de crier haut, ils furent entendus. Vint à la fin un ordre de substituer, dans l'écluse, deux ventaux à portes-tournantes enchassées, au lieu de deux autres portes qui furent ôtées. Cet ouvrage, compris une réparation de quai en charpente, coûta la somme de 20,515 livres; &, comme on vient de le dire, ce ne furent pas les Ingénieurs des ponts & chaussées qui firent cette besogne, laquelle a été achevée, non pas depuis *un an environ*, mais en Décembre 1787 : cependant, si c'est cela que l'auteur du mémoire a sous-entendu, en avançant que l'écluse de Bergue *vient d'être reconstruite & achevée*, il faut avouer, qu'en fait de travaux, c'est s'exprimer peu justement, & qu'au moins c'est confondre *une petite partie* avec son tout. . . . .

Passons aux autres objets dont il est dit qu'on *s'occupe en même-temps* : c'est le rétablissement du bassin, l'agrandissement du port, & l'augmentation des quais; l'auteur déclare qu'on y travaille depuis trois ans. . . . .

Nous avons à observer ici, que c'est bien depuis cinq ans qu'on travaille ; car les travaux se sont commencés pendant la campagne de 1785 : or, qu'est-ce qu'ont produit ces cinq années de travail ? c'est ce qu'il importe de développer.

1°. Suivant le témoignage de l'auteur du mémoire, on a déja enlevé *une partie* des vases dont le bassin étoit rempli.

2°. La construction d'un mur de quai du côté de la citadelle, *qui est déja* assez avancée.

Voilà donc ce qu'ont produit cinq campagnes de travail par les Ingénieurs des ponts & chaussées. Or, de ces deux ouvrages, certainement, l'un étoit plus utile & plus convenable d'achever promptement que l'autre; cependant, c'est, au dire général des habitans de Dunkerque, à l'ouvrage le moins utile & le moins pressant qu'on s'est attaché. Le mémoire auroit bien dû nous apprendre la raison de cette étonnante préférence.

Et en effet, deux campagnes viennent de se passer, pendant lesquelles on semble avoir perdu de vue le dévasement du bassin ; puisque cette partie est constamment demeurée, telle qu'elle se trouvoit à la fin de 1787 : à la profondeur qui étoit alors creusée, il restoit encore six à sept pieds de hauteur réduite de vase à ôter, & l'on découvrit la partie inférieure des revêtemens de quais construits en 1758, qui n'avoient point été démolis plus bas en 1763 : c'étoit déja un grand avancement, & une grande économie, à élever sur cette base, qui est en très-bon état, la partie supérieure des revêtemens. Cela seul auroit dû être une raison suffisante, à se décider en faveur du bassin : personne n'eût pu douter que ce ne fût un ouvrage fort utile & fait à propos.

Mais, puisqu'on nous dit que ce mur de quai est *déja assez avancé*, il faut du moins connoître en quoi cet objet consiste ; le voici : c'est un revêtement de quai, en maçonnerie & pierres de taille, de la longueur de 225 toises environ, dont une partie, de 172 toises, est portée à toute hauteur, & les 53 toises restantes sont, à peu-près, à demi-hauteur. Ajoutons, pour plus de clarté,

que la partie du mur qui eſt achevée, a cinq toiſes & demie de hauteur ſur deux d'épaiſſeur, compris les contre-forts, & contient 1892 toiſes cubes : que l'autre partie, de 53 toiſes de longueur,
eſt à 2 toiſes 4 pieds 6 pouces de hauteur, ſur 2
toiſes & demie d'épaiſſeur, & contient environ 390
toiſes cubes : d'après cela, il eſt facile à chacun
d'eſtimer ce que peut coûter un pareil ouvrage,
à ſupputer ſoit le tems, ſoit l'argent.

Ce que cela a dû coûter en tems ? Rappelons-
nous d'abord, que, parmi les travaux qui furent
exécutés, il y a 32 ans, il ſe trouva la partie de
quai, de 180 toiſes en longueur, qui fait le côté oppoſé à la partie dont il s'agit maintenant,
& en outre 100 toiſes de quai en charpente.
Remarquons encore, que le baſſin, qui devroit
être réédifié à préſent, contient un développement de quai de 340 toiſes de longueur, ſans y
comprendre l'écluſe & l'eſpace occupé par les
ponts à l'entrée de ce baſſin ; Rappelons-nous enfin, que l'écluſe de Bergue eſt, en longueur, de 32
toiſes 4 pieds : le tout formant ainſi enſemble 685
toiſes 2 pieds, meſure courante, & ayant été exécuté en deux campagnes & demie de travail. Or
on a ici travaillé pendant cinq campagnes, & on
n'a pas fait le tiers de l'ouvrage qui fut fait alors.

La conséquence est donc, que les travaux *exécutés jusqu'à présent* ont coûté, en dépense de tems, six fois ce qu'ils auroient dû coûter, & qu'ils coûtèrent autrefois.

On dira, sans doute, qu'il y a ouvrier & ouvrier; ce qui est juste en général, si l'on veut. Si on ajoute, que le mur de quai du côté de la Citadelle est très-solide; la réponse est, que le mur de quai du côté opposé, fait il y a 32 ans, est peut-être bien aussi solide : mais qu'en fait de solidité, on peut voir l'écluse de Bergue faite à la même époque, & que l'on conviendra qu'elle peut servir de pièce d'échantillon contre tous les ouvrages que les Ponts & Chaussées pourroient faire à Dunkerque : en un mot, ils ne devoient pas y aller pour faire mieux.

Ce que l'ouvrage fait a coûté en argent ? l'auteur du mémoire dit : ceux exécutés jusqu'à présent montent à 1,600,000 liv., environ (1). Ce malheureux mot, *environ*, prouve ici qu'on nous parle avec *économie*, & par approximation. Ce n'est pas ainsi qu'on rend un compte bien juste : revenons aux faits.

---

(1) *Mémoire*, &c., page 49, art. 38.

En 1757, les ouvrages à faire au Port de Dunkerque furent entrepris ; c'est-à-dire, la maçonnerie & pierre de taille, au prix de 400 liv. la toife cube, y compris déblais, remblais, épuifemens & batardeaux, fuivant les dévis & conditions. Les travaux faits pendant les cinq campagnes dernières, ne paroiffent point l'avoir été par des Entrepreneurs qui fuffent intéreffés à mettre de l'ordre & de l'économie dans les détails ; on n'a obfervé aucune induftrie à cet égard : auffi les Ingénieurs des Ponts & Chauffés ont-ils témoigné ouvertement, qu'il n'exiftoit point d'entreprife ; & les travaux ont été en conféquence : fur ce pied, il eft clair que perfonne ne peut compter avec eux. Mais ils ont travaillé cinq ans pour faire le tiers de l'ouvrage à faire ; donc, pour achever, il leur faudra dix ans. Donc, ayant déja dépenfé (1) 1,600,000 liv. il leur faudra encore 3,200,000 liv.

―――――――――――――――――――――――――――

(1) Il eft bien vrai, qu'on ne fauroit *compter fans hôte*. Auffi avons-nous fait demander un bordereau de la dépenfe totale, qui s'eft faite dans le port de Dunkerque depuis 1785 : la fatisfaction que nous en avons obtenue, eft un bref état, dont le montant eft 1,856,191 liv. 7 f. 7 d. On ajoute, qu'il y a encore des approvifionnemens pour 240,028 liv. 17 fols ;

on demande encore près de 1,100,000 liv. *pour les continuer* (1) : il est évident que ce n'est pas pour achever.

Il est certain que cette manière d'agir est faite pour ennuyer : aussi l'auteur convient-il, que les Citoyens mêmes de Dunkerque s'impatientent de voir comment on travaille dans leur port : ils disent publiquement, & tout haut, que, ce qu'on fait, ne devoit pas se faire ; & que, ce qui devoit être fait, ne se fait pas. *Au lieu de commencer par le côté de la Citadelle, il falloit porter les premiers travaux du côté de la Ville.* Une raison assez fondée ; c'est que le port existe pour le service du Commerce de la Ville ; mais point particulièrement pour quelques intéressés aux bâtimens de la Citadelle. Le fait est, que cette partie principale du port servant pour le Commerce, à commencer de la porte dite du *quai* jusqu'à la barrière

---

donc le total s'élève à 2,096,220 liv. 4 s. 7 den. Mais on passe sous silence, qu'il s'est trouvé d'anciens matériaux, qui ont été employés, & que les gens du pays évaluent à ceux qui restent.

Que font donc enfin les *notions* données par le mémoire sur le département des ponts & chaussées ?

(1) *Ibidem.* A la fin de l'article.

de l'eftran, eft depuis, plufieurs années, fortement dégradée ; qu'elle dépérit, de jour en jour, au point de préfenter des ruines en plufieurs endroits. C'eft ce qu'un citoyen de Dunkerque fit fentir bien fortement dès le mois de Juin de l'année dernière. Qu'en eft-il réfulté ? On a fait paffer le mémoire à M. Efmangard, *pour prendre de nouveaux éclairciffemens fur cette queftion, pour fe mettre à portée de la décider avant la reprife des travaux de l'année prochaine* ; (1) & l'on fait que depuis le mois de Juillet, M. l'Intendant n'a plus trouvé à propos d'aller à Dunkerque : par conféquent, les éclaiciffemens en reftent là (2).

___

(1) Mémoire *ubi fupra*.

(2) Sans doute fi M. l'Intendant eût voulu prendre des éclairciffemens, il en auroit pu trouver de très-intéreffans. Par exemple, on auroit dû découvrir, fans peine, qu'il exifte à la Chambre de Commerce de Dunkerque un dépôt d'argent fort confidérable, provenant d'un droit qui fe lève fur tous les navires qui entrent dans ce Port, & dont la deftination eft pour l'entretien des ouvrages du Quai......

Pourquoi ne pas faire ufage de ces fonds ? Il faudroit le demander à ce Miniftre fugitif....... Peut-être la caiffe de la Chambre du Commerce ne lui a pas paru

B

Non seulement les Citoyens de Dunkerque disent, que le mur de quai du côté de la Citadelle n'étoit pas l'ouvrage le plus nécessaire ; mais ils soutiennent, qu'il est inutile dans son objet, & que tout au plus on n'auroit dû penser à le faire que lorsqu'on auroit eu de l'argent de reste, *après les autres ouvrages faits.* Ils ajoutent, que l'ordre devoit être de reconstruire d'abord le bassin avec son écluse & ses ponts ; que le bassin étant fait, on auroit eu un développement de quai de 340 toises de longueur, qui eût été d'un service très-essentiel, lorsqu'on auroit travaillé dans les autres parties du port ; au lieu qu'à présent, l'emplacement du bassin ne sert à rien, & que la partie du port, où l'on a établi le nouveau quai, ne servira qu'à la carène des na-

---

assez considérable ; peut-être a-t-on cru injuste de l'employer à des travaux inutiles, & qu'il valoit mieux y verser les trésors de l'Etat. C'est ainsi qu'il a fait construire le nouveau portail de l'Eglise à Dunkerque, lequel, suivant estimation, devoit coûter 80,000 livres : l'ouvrage exécuté a coûté 800,000 liv. Il est vrai que cette dépense a été prise sur la caisse des économats. Observons qu'elle s'est faite par économie, & que l'Architecte en a eu le dixième denier pour sa direction.

vites, à placer ceux hors de service, & en démolition, ainsi qu'il a toujours servi (1); & que pour cela il ne falloit pas dépenser *des millions*. Que du côté de la Citadelle on pouvoit se contenter de faire un simple *tunage*, pour arrêter l'éboulement des terres, avec un quai de claire-voie de pilots de garde en charpente placés en avant du *tunage*, réunis sur leur surface, pour empêcher les vaisseaux du Roi, allant au bassin, d'échouer sur le talus du port; ainsi qu'il fut pratiqué par le Maréchal de Vauban, lorsqu'il fut chargé des immenses & magnifiques travaux du même port, & dont beaucoup de pilots subsistoient encore quand on est venu les arracher, pour y construire un mur inutile pour agrandir le port.

Ce n'est pas tout : les gens les plus éclairés gé-

---

(1) On ne fera jamais aucun armement du côté de la citadelle; parce que cela est trop éloigné de la ville; qu'il en coûteroit trop pour le transport de tous les objets nécessaires, & que les ouvriers perdroient le quart de leur temps, en y allant, & en revenant à la ville où ils demeurent tous. Il est de fait que cela augmenteroit les armemens d'un quart; & cela dans un pays où la main-d'œuvre coûte déjà le double des autres ports.

missent de voir, combien misérablement on abuse des fonds de l'Etat, pour des ouvrages qu'on tente d'exécuter contre tous les principes. --- Que ceux-là en jugent, qui sçavent comment se fait un batardeau. Eh bien ! jusqu'à présent, les préposés des Ponts & Chaussées n'ont pu réussir à établir un batardeau contre les eaux de la Mer, dans un coin du port de Dunkerque : après y avoir dépensé des sommes immenses, en formant batardeau contre batardeau, l'opinion générale est, qu'ils seront obligés d'y renoncer comme à une chose impossible; qu'ainsi le bassin sera abandonné, quoique peut-être en vue d'y revenir après un certain nombre d'années.

On diroit, peut-être, que la difficulté tient au local, à l'impétuosité de la Mer, &c. Non, mille fois non : & pour le prouver, il n'est besoin que de recourir encore à ce qui s'est fait en 1757, dans le même endroit. L'entrepreneur, qui devoit reconstruire le bassin, son écluse, & ses ponts, ne trouva point de difficulté à les séparer du port: il fit un simple batardeau en terre, lequel fut si solide, qu'il servit de Chaussée pour le passage de la Ville à la Citadelle. On assure que l'ouvrage ne revint à l'Entrepreneur pas plus que 13,000 liv. : cette fois-ci c'est bien autre chose ; les Directeurs des Ponts & Chauffées ont voulu conftruire un batardeau en charpente, où il est entré 19,000 folives, & le bois est fort cher dans le pays. Pour remplir ce bizarre ouvrage, on a fait venir des centaines de bateaux chargés de terre glaife de huit lieues de loin (2), & l'on estime que, tout compté, cette dépense va à plus de 300,000 liv. & on n'a pas de batardeau..... C'est apparemment & ce batardeau, & le mur de la Citadelle, & le dévafement partiel du baffin & celui du port, que M. d'Arçon a cité, (1) comme une opération manquée au port de Dunkerque pendant le ministère de M. de Calonne, & dont l'apperçu préfente une fomme de 7,800,000 liv. Il y a de l'apparence, certainement, que cet Officier s'est trompé dans fon apperçu, ou dans fon calcul; puifque les Dunkerquois ne l'estiment en total, que 5,000,000 liv.; & cela fur la foi de

___

(1) Le Public a été exceffivement étonné de voir que, dans cette même partie où le batardeau ceintré en charpente a été établi, on avoit auparavant enlevé une immenfe quantité de vafe, ou limon de mer, qui étoit très-propre à fervir de fondement au batardeau: il fut dit que c'étoit une mal-adreffe impardonnable.

(2) Mémoire, &c. page 115, art. 79.

B 3

certaines indications, qu'il feroit ici superflu d'expliquer. Cependant personne ne pourroit croire qu'à Dunkerque il puisse exister, en général, de la prévention contre les Ingénieurs des Ponts & Chaussées, (1) ou que *ces gens à talens* y portent

---

(1) Mémoire, &c. pages 85 & 86, art. 67 & 68, l'auteur dit : « Il existe, en général, de la prévention
» contre les Ingénieurs des ponts & chaussées.....
» Ils ont eu d'ailleurs des succès, & ont fait des
» fautes, ce qui a dû les exposer & aux envieux &
» aux détracteurs. Ces Ingénieurs, de plus, avoient
» dû nécessairement partager l'animadversion que l'Ad-
» ministration éprouvoit depuis quelque temps dans
» toutes les parties du Royaume, & dans laquelle
» les esprits sages ont sûrement reconnu de l'exagé-
» ration. Je pourrois, pour ce qui me concerne,
» rapporter des épreuves multipliées de cette exagé-
» ration...... J'ai au surplus le droit de me croire
» bien impartial à leur égard...... J'ai toujours re-
» proché au plus grand nombre d'entre eux, ces pré-
» tentions trop communes aux gens à talens....»
D'après cela, il est évident que la présomption étoit toujours en faveur des Ingénieurs des ponts & chaussées & contre les plaignans, chez qui, au moins, tout étoit exagéré ; & l'on eut encore le courage de se plaindre !

des prétentions propres à produire de fâcheuses impressions contre eux, dans l'esprit des habitans de cette Ville, la vérité est, au contraire, qu'ils ont fait plus que l'impossible, pour se concilier l'esprit *dominant* des habitans; en quoi ils n'ont que trop réussi. Les faits le prouvent: la justice veut qu'enfin ils soient dévoilés & mis au grand jour. On doit y trouver la clef des opérations des Ponts & Chaussées à Dunkerque: car on va voir des cadenats employés.

Sans doute, on aura particulièrement remarqué la mention, qui vient d'être faite, & des réclamations des habitans de Bergue, depuis la paix de 1783, pour leur libre navigation à la Mer, & des difficultés qu'ils éprouvèrent d'abord, par l'espèce d'empêchement qu'il fut question d'y mettre, & qu'enfin il se trouva que le Ministre des finances d'alors fut de la partie contraire. Eh bien! tranchons le mot, ce désastreux Ministre vouloit servir les Dunkerquois, dans leur rivalité, contre leurs voisins de Bergue. Dès lors il ne fut question, que de choisir le moyen le plus propre, pour empêcher les Berguois de jouir de leur droit de naviguer librement, pour lequel ils avoient fait dans le courant de ce siècle, tant d'efforts & de dépenses, & dont ils s'étoient toujours vu fruſtrés, par les malheurs des tems. L'ingénieux Miniſtre ſe chargea de la beſogne. Il imagina *d'utiles travaux* pour Dunkerque qui, ſuivant ſes propres expreſſions (1), *devoit voir réparer ſes longs malheurs par le rétabliſſement de ſes écluſes & de ſon port* ; & l'exécution en ſeroit confiée au génie des Ponts & Chauſſées, ſous les ordres du Commiſſaire départi. La choſe étoit ſi importante, que le Miniſtre chéri de Dunkerque s'y tranſporta pour *déterminer* l'ordre des *travaux*. Un autre Miniſtre qui (2), comme ſecond, fut du voyage, a depuis témoigné, qu'à peine le port de Dunkerque avoit été vu en courant. Tout étoit donc déterminé d'avance. La joie de Dunkerque fut trop marquée, pour que quelqu'un pût alors ſonger à faire réclamation au ſujet de l'ordre des travaux : le grand point étoit aſſuré ; les habitans de Bergue ſeroient encore long-tems avant de naviguer librement : c'étoit le grand Miniſtre, c'étoit ſon ami M. l'Intendant, c'étoient

―――――――

(1) Procès-verbal de l'Aſſemblée des Notables, tenue à Verſailles en l'année 1787, page 67, édit. *in*-4°.

(2) M. le Maréchal de Caſtries, alors Miniſtre de la Marine.

les Ingénieurs des Ponts & Chauffées qui y mettroient tous leurs soins.

Quant au *Ministre*, il avoit déja décidé que la porte-tournante seroit remife au milieu de l'éclufe de Bergue, pour la rendre au même état où elle fut en 1758, afin d'empêcher tout paffage aux venans de la Mer.

M. *l'Intendant*, quoiqu'il eût autorifé les réparations aux ponts-levis & au pont-rouge le 11 Mai 1784, ce Magiftrat avoit trouvé à propos d'en empêcher l'exécution dès le 18 Juillet fuivant, fous prétexte qu'il vouloit voir par lui-même l'état des lieux. Il avoit enfuite éludé toutes les repréfentations qui lui furent faites, au point que les habitans de Bergue s'en plaignirent, affez vivement, pour qu'il en confervât du reffentiment; il étoit donc tout difpofé à feconder le plan deftructif de la navigation de Bergue à la Mer.

Les *ponts & chauffées;* ceux-ci y emploieroient toutes les reffources de leurs talens; c'eft-à-dire, qu'étant mis en poffeffion du port de Dunkerque, ils y travailleroient comme ils l'entendroient fuivant les règles de leur économie. Avec le tems, tout devoit leur devenir foumis; la manœuvre des écluses, le cours des eaux du pays, le fort de l'agriculture, l'exiftence des poffeffions, les fortunes des citoyens ; fauf la mer, qui ne fe laiffe pas dominer au gré des gens de grande capacité, elle femble braver les talens les plus vantés.

Jamais, en effet, on ne vit plus ingénieufement commencer le dévafement d'un port de mer. Des hommes, oui, des hommes eurent chacun une hotte attachée fur le dos, laquelle fut ainfi chargée de vafe liquide qu'ils allèrent, appuyés d'un bâton, vuider dans un emplacement de la Citadelle: en plaignant ces malheureux ouvriers, les fpectateurs dirent que c'étoit l'ouvrage des Danaïdes, parce qu'à chaque marée la mer devoit ramener la même quantité de vafe qui avoit été ôtée: mais les fpectateurs ne faifoient point attention, que ces vafes devoient fervir d'engrais, fur ce fond de fable qu'on voulut enfuite cultiver, & y former d'excellens jardins.

Dans le même tems, on jetta un premier batardeau à l'entrée du baffin qu'on alloit dévafer. Les fpectateurs furent tout étonnés que c'étoit, juftement, fur le radier de l'éclufe, & ils prévirent ce qui arriva. La première marée à vive eau emporta le batardeau : les Ingénieurs des

Ponts & Chaussées comprirent alors, qu'un batardeau formé sur un plancher ne tient pas, attendu qu'il ne peut y être attaché à chevilles & à cloux.

Lorsqu'il y eut assez de vase dans l'enclos de la Citadelle, & sur quelques autres terreins auprès, on trouva à propos de faire les transports plus loin par batteaux, en passant par le canal de Bergue; la digue de ce canal fut dégradée par des rampes qu'on y coupa en plusieurs endroits. De leur côté, les ouvriers, occupés à ce transport, jettèrent souvent leurs vases dans le canal, au lieu de les passer par dessus la digue. C'étoit obstruer le canal : quelquefois leurs batteaux coulèrent à fond, & furent relevés. Les habitans de Bergue s'en plaignirent : l'abus continua. Enfin un jour, qu'un navire Danois dut passer jusqu'à Bergues, on sonda le canal, & l'on y trouva un batteau plein de vase coulé à fond, que le propriétaire avoit abandonné sans rien dire : l'Officier public de Bergue fit mettre le batteau à flot, l'amena à Bergue, & l'y tint arrêté jusqu'au paiement des frais : c'étoit tirer un coup de canon contre les ponts & chaussées; l'Ingénieur réclama le batteau; la guerre fut déclarée entre la toute-puissance d'un côté,

& la toute-impuissance de l'autre; puisque M. l'*Intendant* devoit juger la contestation : elle fut effectivement jugée contre l'Officier public de Bergue; mais cela ne contenta point l'Ingénieur des ponts & chaussées : sa résolution étoit prise de se rendre absolument le maître de la navigation sur le canal, & bientôt elle fut mise à effet.

Un navire arrivé d'Angleterre, chargé d'orge pour Bergue, se présente pour passer le pont de la citadelle; les ordres sont donnés pour le passage : l'Ingénieur des ponts & chaussées se rend sur le pont, & en sa présence y fait attacher quatre verroux garnis de cadenats, & en emporte la clef. Le navire anglois, ainsi que quatre autres chargés de sel qui arrivent successivement, sont retenus près de ce pont, qui ne s'ouvre plus que pour laisser repasser deux navires revenant de Bergue à la mer. L'Ingénieur des ponts & chaussées, sommé de rendre le passage libre, répond, *qu'il est sous la sauve-garde du Roi.*

En vain les Officiers du Corps Royal du Génie se hâtent de porter leurs plaintes au Ministre de la Guerre; en vain un ordre du Roi ordonne au

Commandant de la Province (1), de faire enlever, en sa présence, les cadenats & les verroux, & d'infliger une sévère réprimande à l'Ingénieur.

À la vérité les cadenats furent ôtés ; mais les verroux ne le furent pas : ils y restèrent comme un titre qui dût indiquer, que l'Ingénieur des ponts & chaussées ne renonçoit point à son entreprise contre la liberté de la navigation de Bergue. Il ne tarda point à imaginer un autre moyen équivalent à ses cadenats.

Non, un ordre positif du Roi n'étoit rien à l'égard d'un Ingénieur des ponts & chaussées. M. l'Intendant arrive à Dunkerque ; l'Ingénieur lui dit que la navigation sur le canal de Bergue est nuisible au progrès de ses ouvrages dans le port : cela suffit. On assure, qu'en conséquence, un Comité s'assembla, & que là il fut convenu de former un réglement dont le projet seroit envoyé au Ministre pour avoir son approbation : au lieu de cela, le réglement paroît le len-

---

(1) M. de Robecq pourroit attester le fait, & dire aussi pourquoi il a usé de ménagement envers le Préposé des Ponts & Chaussées.

demain sous le nom de M. l'Intendant. C'étoit l'Ingénieur des ponts & chaussées qui l'avoit dressé; il en est convenu lui-même dans une conférence où il avoua & l'inutilité de son réglement, & qu'il ne desiroit que de devenir le maître des écluses du pays.... C'étoit en effet vouloir forcer les habitans de Bergue, de solliciter à faire dépouiller le Corps Royal du Génie de la direction des eaux & des fortifications du pays.

Or, pour faire sentir combien, au fond, ce réglement est insensé & tyrannique, il suffit d'observer qu'il porte, entre autres, qu'il ne pourra passer dans le canal de Bergue que des bâtimens tirant sept pieds d'eau, & cela pendant le temps des *vives eaux* seulement; tandis qu'il est constant que le canal tient ordinairement huit, souvent neuf à dix pieds d'eau, & qu'il est séparé de la mer par de doubles écluses : & malgré cela, le réglement fut depuis approuvé par le Ministre, qui, pour toute consolation aux habitans de Bergue, témoigna, au sujet de leurs alarmes, qu'il n'attribuoit *cette démarche, de leur part, qu'à une méfiance qui prend sa source dans l'expérience qu'ils ont des tracasseries passées, qu'ils* ont si souvent éprouvées de la part des Dunkerquois, sans cause légitime : enfin, suivant le Ministre, ce n'est, de leur part, que *crainte & prévention*; & les Berguois furent réduits à gémir en disant en secret: ah ! *si le Roi le savoit !* Leur résolution fut à la fin de porter leurs plaintes aux pieds du Trône : mais les circonstances survenues ont empêché de les écouter, & ils espèrent tout du nouvel ordre des choses.

Il résulte donc de tout ceci, que les Ingénieurs des ponts & chaussées travaillent, à Dunkerque, depuis cinq ans; qu'en y dépensant des millions, ils ne font, d'un côté, que des ouvrages inutiles, tandis que de l'autre les travaux nécessaires, & même urgens, restent négligés ; qu'enfin il paroît que leur intention est d'y éterniser les travaux du port ; que de l'autre côté, ils s'étudient à faire tout le mal possible aux habitans d'une Ville voisine, en les privant de la jouissance de leur libre navigation à la mer, en ruinant les digues, en faisant combler le canal ; en un mot, en manifestant le dessein odieux de parvenir à être les seuls maîtres de la manœuvre des écluses, & de la direction des eaux du pays, d'où dépend le sort des fortunes des Citoyens de tous les environs. Quel abyme d'oppression qui étoit là préparé!

Mais supprimons les réflexions qui naissent de toutes parts. Il n'est pas possible d'imaginer que de tels désordres puissent plus long-tems être tolérés, ni qu'une Administration, qui tend visiblement à s'étendre, à usurper, à dominer, doive inspirer tout l'intérêt que l'on sollicite en sa faveur. Les manèges, qui viennent d'avoir lieu à Dunkerque, annoncent d'ailleurs un esprit de *corporation*, qui n'est que trop marqué dans le mémoire sur les ponts & chaussées.——Faut-il pour cela anéantir cette partie d'Administration? Non, sans doute: mais il faut faire justice; c'est-à-dire, qu'on doit lui ôter ce qu'elle a usurpé; qu'il convient, surtout, de l'éloigner des ports de mer; qu'il faut la rappeller au seul & unique objet de sa première institution; que ce soit une école enfin où l'on enseigne toutes les connoissances nécessaires & relatives à l'art de construire des ponts & chaussées, & où les Administrations pourront prendre d'excellens sujets pour la conduite de leurs ouvrages...... Faisant justice, & l'expérience nous l'apprend, il convient de rendre au Corps-Royal du Génie, ce qu'on lui a si mal-adroitement ôté, ces mêmes travaux des ports de mer; de manière pourtant, qu'à leur tour, ces Officiers ne puissent être injustes pour les manœuvres qu'exigent le commerce & l'agriculture,

culture, & qu'à cet égard ils soient obligés de se concerter, en déférant, en tout tems, aux réquisitions qui leur seront faites de la part des Directoires d'Administration. Ce qui est d'autant plus instant, que les Assemblées administratives, qui sont sur le point d'entrer en activité, doivent d'avance sçavoir à quoi s'en tenir sur les parties d'ouvrages publics dont elles auront à s'occuper, & à ce que les Directoires ne rencontrent des obstacles, qui puissent les arrêter dès les premiers pas de leur gestion.

Depuis la rédaction de ce Mémoire, les nouvelles venues du pays, font que les ouvrages au port de Dunkerque se reprennent ; que de nouveaux fonds sont accordés. Seroit-il donc vrai que l'Administration des Ponts & Chaussées puisera encore à pleines mains dans la bourse de la Nation ?

www.ingramcontent.com/pod-product-compliance
Lightning Source LLC
Chambersburg PA
CBHW061017050426
42453CB00009B/1489